DON SANCHE
D'ARAGON,

COMÉDIE HÉROÏQUE DE P. CORNEILLE,

MISE EN TROIS ACTES

PAR P. PLANAT.

Représentée, ainsi réduite, pour la première fois au Théâtre-Français, le 15 avril 1833.

Seconde Édition.

PARIS,
C. TRESSE, ÉDITEUR,
Palais-Royal, galerie de Chartres, n.os 2 et 3.
1844.

DON SANCHE.

PARIS, IMPRIMERIE D'AD. MOESSARD ET JOUSSET,
rue de Furstemberg, 8.

DON SANCHE

D'ARAGON,

COMÉDIE HÉROIQUE DE P. CORNEILLE,

MISE EN TROIS ACTES

PAR P. PLANAT.

Représentée, ainsi réduite, pour la première fois au Théâtre-Français, le 15 avril 1833.

Seconde Édition.

PARIS,
C. TRESSE, ÉDITEUR,
Palais-Royal, galerie de Chartres, n.os 2 et 3.
1844.

PERSONNAGES.	ACTEURS.
D. ISABELLE, reine de Castille.	M.lle Rose Dupuis, 1833. M.lle Noblet, 1837. M.lle Rachel, 1844.
CARLOS, cavalier inconnu.	M. Ligier.
D. MANRIQUE, } Grands de Castille.	M. Beauvallet.
D. LOPE, } Grands de Castille.	M. Geffroi.
D. ALVAR, } Grands de Castille.	M. Marius.
D. RAYMOND, ministre d'Isabelle.	M. Saint-Aulaire.
D. BLANCHE, dame d'honneur de la reine.	M.me Thénard.
Un Officier du palais.	M. Monlaur.
Un Page.	M.lle

Grands de Castille, Prélats, Moines de différens ordres, Ambassadeurs, Dames de la suite de la reine, Officiers, Pages, Gardes, etc.

La scène, à Valladolid.

L'action, avant le quinzième siècle.

NOTE DE L'ÉDITEUR.

Cette pièce se compose de mille cinquante-six vers, savoir :

Vers de Corneille purs	427	1056.
Vers de Corneille altérés	102	
Vers de Planat	527	

La première édition, en 1833, parut sous le pseudonyme de Mégalbe.

DON SANCHE
D'ARAGON.

ACTE PREMIER.

Dans le cabinet de travail de la reine.

SCÈNE I.

DONA ISABELLE assise, DON RAYMOND.

D. RAYMOND.

Oui, reine, c'est ainsi que votre vaillant frère
Battait nos ennemis et termina la guerre :
Dieu le fit roi pour vaincre ; et, son sort accompli,
Dans son propre triomphe il s'est enseveli.
Seul reste de ce sang d'une illustre famille,
Sa mort vous a donné le sceptre de Castille :
Le ciel, en le plaçant entre vos jeunes mains,
Veille toujours sur nous comme sur vos destins.
Cette haute raison qui devance votre âge,
Est d'un règne naissant le plus heureux présage ;
Et Séville conquise et les Maures défaits,
Dans vos vastes états affermissant la paix,
Les rois de Portugal, de Navarre, de France,
Par leurs ambassadeurs briguent votre alliance ;

Le vieux roi d'Aragon, flatté d'un nœud plus doux,
Vous réservait son fils, don Sanche, pour époux.
A ce prince autrefois vous fûtes destinée;
Votre frère, en mourant, voulait cet hyménée,
Prescrit par votre aïeul, impossible aujourd'hui :
Don Sanche ne vit plus, tout l'atteste; avec lui,
De la plus désirée et plus ferme alliance
Don Sanche dans la tombe emporte l'espérance.
L'Europe cependant à votre auguste main
Offre de toutes parts ses fils de souverain,
Mais redoutés, haïs, ou trop jeunes encore;
Et vous n'allîrez point au sang d'un prince maure
Le vieux sang espagnol, transmis pur jusqu'à vous.
Eh bien! à nos foyers demandez un époux :
Oui, parmi vos sujets, dans plus d'une famille,
Antique et fier soutien du trône de Castille,
Vous trouverez, madame, à faire un noble choix.
C'est ainsi qu'aujourd'hui vous pourrez à la fois
Voir nos discords finir, votre race renaître,
Rendre un chef à l'armée, à cet empire un maître;
Et satisfaire enfin les plus ardens souhaits
Qu'aient formés jusqu'ici vos fidèles sujets.

D. ISABELLE.

Que c'est un sort fâcheux et triste que le nôtre,
De ne pouvoir régner que sous les lois d'un autre!
On croit donc que le sceptre est bien pesant pour nous,
Si pour le soutenir il nous faut un époux?
A peine ai-je deux mois porté le diadême,
Que de tous les côtés j'entends dire qu'on m'aime!
Si toutefois sans crime et sans m'en indigner

Je puis nommer amour une ardeur de régner.
L'ambition des grands à cet espoir ouverte
Semble pour m'acquérir s'appliquer à ma perte :
Tous demandent ma main, tous veulent être roi,
Sans connaître d'abord s'ils sont dignes de moi ;
Et, rebelles sujets, soumis en apparence,
Tous dévorent déjà mon règne en espérance.

D. RAYMOND.

Eh bien ! fermez la porte à leurs prétentions,
Reine, tranchez le cours de leurs dissentions.
A choisir un époux eux-mêmes vous convient ;
Votre intérêt le veut, vos états vous en prient.
Entre tant de rivaux qui briguent cet honneur,
Il n'en faut trouver qu'un : consultez votre cœur,
Et, d'un mot, arrêtez leurs jalouses cabales
Pour vous et votre peuple également fatales :
Faites un roi, madame.

D. ISABELLE, se levant.

Eh bien ! je m'y résous :
La raison me l'ordonne et nous le voulons tous.
Je n'écouterai point une secrète flamme,
Ni l'amour du pouvoir, ni l'orgueil d'une femme ;
Et puisqu'enfin le ciel, faute d'autres objets,
Me force d'abaisser mes yeux sur mes sujets ;
Don Raymond, aujourd'hui je vous ferai connaître,
Et l'époux d'Isabelle, et votre nouveau maître.

D. RAYMOND.

Et vous pouvez, madame, écoutant votre cœur,
Concilier ses droits avec notre bonheur :
Si des raisons d'état font pencher la balance,

Songez également que, dans cette occurrence,
Vous prenez un époux en nous donnant un roi.

D. ISABELLE.

Don Raymond, je suis reine et dois régner sur moi.
Le rang que nous tenons, jaloux de notre gloire,
Dans un semblable choix nous défend de nous croire,
Jette sur nos désirs un joug impérieux,
Et dédaigne l'avis et du cœur et des yeux.

D. RAYMOND.

Et pourquoi faudrait-il que notre jeune reine
S'imposât elle-même une si dure gêne?
Quel que soit le mortel dont son cœur est épris,
D'avance je le tiens digne d'un si haut prix.

D. ISABELLE.

Non, non; de ses sujets elle encourrait le blâme,
Si la reine écoutait les penchants de son ame.
Quand je prétends sur vous étendre son pouvoir,
Commander à moi-même est mon premier devoir :
Je le sais, je le veux; et le sexe ni l'âge
Ne sauraient m'excuser d'un manque de courage.
Fille et sœur de vos rois, j'ai puisé dans leur sang
L'orgueil et la vertu de bien tenir mon rang,
Et, de peur de faiblir dans cette conjoncture,
Voici sur quel appui votre reine s'assure.
Tandis que mes états, sans m'imposer de loi,
Par mon ordre assemblés, me demandent un roi,
Allez leur déclarer qu'à leur haute sagesse
Appartient de fixer le doute où Dieu me laisse.
Parmi tant d'Espagnols à mon sceptre soumis,
Dont la vaillante épée abrite leur pays,

Et dont la race antique et l'ame magnanime
A des rois étrangers disputent votre estime,
J'ordonne à mes états de m'en désigner trois,
Entre lesquels sans peur je puisse faire un choix;
Je vous rends, en ce jour où j'entre dans l'histoire,
Arbitres de mon cœur et garants de ma gloire.
Vous savez les vertus qu'il faut pour faire un roi :
Qu'il soit digne de vous, il le sera de moi;
C'est de vous que je veux que ma jeunesse apprenne
Qui mérite le mieux la main de votre reine.
Hâtez-vous de porter cet ordre à mes états.
Je prendrai mon époux dans leurs trois candidats.
Dès qu'ils seront élus, vous reviendrez me dire
Quels sont les trois sujets prétendant à l'empire.

SCÈNE II.

D. ISABELLE seule.

Jalouse autant que vous de votre austère honneur,
Castillans, j'y soumets et ma vie et mon cœur.
J'ai compris mes devoirs en ceignant la couronne,
Et je ne ferai rien que la gloire n'ordonne.
Contre elle vainement mon amour se débat,
Mon amour doit céder au repos de l'état :
Oui, j'en fais à mon peuple un entier sacrifice.
Mais à mon dévoûment, toi, rendras-tu justice,
Peuple exigeant et vain? Et vous sujets si fiers,....
Lequel ferai-je roi?.... mille pensers divers
Confondent ma raison, se disputent mon ame,
Et me font trop sentir que je suis une femme!

Mais l'intérêt du trône ici me soutiendra :
La reine a commandé, la femme obéira.
De tous mes souvenirs j'effacerai l'image
Et le nom de celui qui trouble mon courage :
Montrons dans ce grand jour, en oubliant Carlos,
Que la reine orpheline est la sœur d'un héros.

SCÈNE III.

D. ISABELLE, D. BLANCHE.

D. BLANCHE.

Pour signaler son bras dans de nouvelles guerres,
Don Carlos va passer en des cours étrangères;
Il désire, madame, avant que de partir,
Prendre congé de vous.

D. ISABELLE.

Non, non; va l'avertir.....
Quelle faiblesse!... Non, je suis prête à l'entendre;
Et Carlos peut entrer.

SCÈNE IV.

D. ISABELLE seule.

Et nous, sachons défendre
Contre un indigne amour ce cœur mal affermi :
Celui qui craint encor n'est vainqueur qu'à demi;
Et je veux, pour jouir sans remords de ma gloire,
Obtenir sans regret une pleine victoire.

SCÈNE V.

D. ISABELLE, CARLOS, D. BLANCHE.

D. ISABELLE.

Don Carlos, approchez. Vous quittez notre cour?

CARLOS.

Oui, reine.

D. ISABELLE.

Dès demain?

CARLOS.

Peut-être dès ce jour.

D. ISABELLE.

Et c'est de son plein gré que don Carlos nous quitte!
Mais croit-il envers lui qu'Isabelle soit quitte?
Pour prix de ses travaux que lui puis-je accorder?
Partir si brusquement sans nous rien demander,
Ce serait me montrer, après m'avoir servie,
Trop de fierté, Carlos, ou trop de modestie.

CARLOS.

Un soldat tel que moi qu'a-t-il donc entrepris
Qui mérite à vos yeux, madame, quelque prix?
Qu'ai-je fait de si grand? A quoi puis-je prétendre?

D. ISABELLE.

Puisque vous l'ignorez, je veux bien vous l'apprendre.
Quand le Maure orgueilleux, vainqueur dans cent combats,
Par la flamme et le fer ravageait nos états,
Sans titre, sans renom, un enfant de la guerre,
(C'était vous) vint offrir son épée à mon frère.

L'étendard de Castille, à ses yeux enlevé,
Des mains des ennemis par vous seul fut sauvé :
Cette seule action rétablit la bataille,
Fit rechasser le Maure au pied de sa muraille;
Et, rendant le courage aux plus timides cœurs,
Rappela les vaincus, et défit les vainqueurs.
Plus tard, souvenez-vous que dans l'Andalousie
Mon frère prisonnier, près de perdre la vie,
Au péril de vos jours par vous fut dégagé.
Ramené vers les siens, par vous seul protégé,
Ses troupes ont soudain leurs terreurs oubliées;
Aussitôt par son ordre elles sont ralliées;
Et, quand ses lieutenans viennent le secourir,
Ils le trouvent vainqueur, et vous, près de mourir.
Vous avez le premier sur les murs de Séville
Arboré la croix sainte et conquis cette ville.
Je recueille aujourd'hui le fruit de vos combats :
Isabelle, paisible, autour de ses états
Ne voit plus d'ennemis, ne craint plus de rebelles;
Nous devons à Carlos nos palmes les plus belles;
Et quand, du plus grand roi trahissant la valeur,
Le ciel me prit mon frère, il m'écrivait : « Ma sœur,
» Mon plus brave soldat, mon meilleur capitaine,
» C'est Carlos : pense à lui, lorsque tu seras reine. »
Et maintenant, Carlos est-il encor surpris
Si ce qu'il fit pour nous mérite quelque prix?

CARLOS.

Si de vous bien servir vous m'avez trouvé digne,
Cet honneur seul déjà, reine, est un prix insigne.
En combattant pour vous au rang de vos guerriers,

N'ai-je pas sur mon front mis assez de lauriers?
Que voulais-je avant tout? rendre mon bras célèbre,
Conquérir un beau nom : et des rives de l'Ebre
Jusqu'aux champs arrosés par le Guadalquivir,
Les peuples garderont long-temps mon souvenir.
Comme aux périls, j'eus part aux faveurs de la guerre;
Et le feu roi, madame, en m'ouvrant la carrière
Où pour vaincre avec lui je me suis élancé,
D'avance, en vrai soldat, m'avait récompensé.

D. ISABELLE.

Et nous imiterons un si parfait modèle.
Vous ne quitterez point les états d'Isabelle
Sans recevoir, Carlos, avant que de partir
De notre gratitude un dernier souvenir.
Pensant à ce qu'à fait pour vous le roi mon frère,
Je cherche maintenant ce que la sœur doit faire;
Je cherche à deviner quels sont vos vœux secrets,
Pour que la récompense égale vos hauts-faits :
S'il est un bien, un rang où votre cœur aspire,
Qui soit en mon pouvoir, Carlos, osez le dire.

CARLOS.

Hélas! tous ces lauriers que la guerre m'offrait
N'étaient pas les seuls biens où Carlos aspirait :
Non, reine; un prix plus grand et plus beau... Mais j'ignore
Si Carlos maintenant peut y prétendre encore;
Et tantôt enhardi, tantôt triste et confus,
Je brûle de parler, ou je crains un refus.
Mon espoir le plus doux m'échappe comme un rêve!
Après six ans d'attente un moment me l'enlève,
Madame!.... et pour jamais je prends congé de vous.

D. ISABELLE.

Partir en nous taisant ce qu'on voudrait de nous!...
Ou de nos sentimens, ou de notre puissance,
C'est douter; et ce doute est pour nous une offense.

CARLOS.

Ah! ne m'imputez pas, madame, un tel dessein!
Cet espoir, ce secret que je cache en mon sein,
Eh bien! vous le saurez : oui, j'oserai peut-être
Avant la fin du jour vous le faire connaître.

SCÈNE VI.

D. ISABELLE, D. BLANCHE.

D. ISABELLE.

Il sort! et je me trouble! et je sens malgré moi
Des mouvemens confus de plaisir et d'effroi!

D. BLANCHE.

Madame, je vois trop qu'une secrète flamme
Chaque jour, malgré vous, se glisse dans votre ame.
De l'inconnu Carlos l'éclatante valeur
Aux mérites d'un autre a fermé votre cœur.
Tout est illustre en lui, moi-même je l'avoue;
Mais son sang, que le ciel n'a formé que de boue,
Et dont il cache exprès la source obstinément....

D. ISABELLE.

Tu pourrais en juger plus favorablement;
Sa naissance inconnue est peut-être sans tache:
Tu la présumes basse à cause qu'il la cache;
Mais combien de soldats, dans la foule perdus,

N'ont-ils pas, signalant d'éclatantes vertus,
Dompté des nations, gagné des diadêmes,
Sans qu'aucun les connût, sans se connaître eux-mêmes!

D. BLANCHE.

Et voilà donc enfin de quoi vous vous flattez!

D. ISABELLE.

J'aime du fier Carlos les rares qualités.
Il n'est point d'ame noble à qui tant de vaillance
N'arrache cette estime et cette bienveillance;
Mais si jamais ses vœux s'échappaient jusqu'à moi,
Je sais ce que je suis, et ce que je me doi.

D. BLANCHE.

Daigne le juste ciel vous donner le courage
De vous en souvenir, et le mettre en usage!

SCÈNE VII.

D. ISABELLE, un OFFICIER du Palais, D. BLANCHE.

L'OFFICIER.

Le comte don Alvar, reine, arrive à l'instant.

D. ISABELLE.

Est-il dans le palais?

L'OFFICIER.

Oui, madame; il attend....

D. ISABELLE.

Qu'il vienne vite. Allez.

SCÈNE VIII.

D. ISABELLE, D. BLANCHE.

D. ISABELLE, s'asseyant.

Enfin ! je vais apprendre
Si les étranges bruits qu'on se plaît à répandre
Sur le prince don Sanche ont quelques fondemens,
Et du roi d'Aragon quels sont les sentimens.

SCÈNE IX.

D. ISABELLE, D. ALVAR, D. BLANCHE.

D. ISABELLE.

Soyez le bienvenu. Votre ambassade, comte,
S'est faite heureusement : veuillez m'en rendre compte.

D. ALVAR.

A la cour d'Aragon jamais ambassadeur
Ne fut reçu, madame, avec autant d'honneur ;
Et jamais souverain, d'une ame plus contente
S'empressant de répondre à votre illustre attente,
N'accepta vos traités d'alliance et de paix.
Ce roi vous est acquis, reine ; et si désormais
Grenade, ou la Navarre, ou toute autre puissance,
Jalouse, ambitieuse, ou rêvant la vengeance,
S'armait imprudemment contre votre repos ;

Aux drapeaux de Castille unissant ses drapeaux,
L'Aragon, se levant comme un peuple de frères,
Ferait ses ennemis de tous nos adversaires.

D. ISABELLE.

De votre habileté nous n'attendions pas moins;
Et nous reconnaîtrons, comte, vos heureux soins.
Mais en rendant pour nous ce peuple favorable,
En nous gagnant l'appui de son roi vénérable,
On dit qu'en même temps, dans cette même cour,
A la princesse Elvire, Alvar a fait sa cour;
Qu'il doit bientôt s'unir à cette jeune infante.

D. ALVAR.

Il faut auparavant que ma reine y consente.

D. ISABELLE.

Nous y réfléchirons. Ces hymens des sujets,
Entre deux souverains affermissent la paix;
Je tiens même à bonheur pour un grand de Castille,
Si du roi d'Aragon il épouse une fille.
Mais, avant de songer à des liens si doux,
Des chagrins de ce prince, Alvar, instruisez-nous.
Heureux roi, don Fernand est bien malheureux père!
De don Sanche, son fils, savez-vous s'il espère
Ou découvrir la trace ou connaître le sort?
Est-on même certain qu'il vive ou qu'il soit mort?

D. ALVAR.

Le roi n'espère plus; et pourtant il ignore
Si don Sanche a péri, s'il est vivant encore;
Si loin de lui, mais libre, il goûte d'heureux jours,
Ou si dans l'esclavage il en finit le cours.

Ce père, quoique roi, du malheur qui l'obsède
Ne peut que s'affliger sans y porter remède :
La mort seule, madame, éteindra ses regrets.
Don Fernand se souvient encor des grands projets
Que votre aïeul don Juan et le roi votre frère
Méditaient avec lui, dans un temps plus prospère ;
Et, pour les accomplir, tous trois s'étaient promis
Qu'Isabelle et don Sanche un jour seraient unis.

D. ISABELLE.

Plût au ciel que ma main se fût déjà donnée !
Oui, si trop jeune alors j'ai craint cet hyménée,
D'un frère et d'un aïeul j'approuve maintenant
La sage politique ; et du roi don Fernand,
Plus qu'on ne croit, Alvar, je partage la peine.
J'ai quelque ambition ; aujourd'hui je suis reine ;
Je pouvais espérer, en épousant son fils,
De voir sous un seul roi nos peuples réunis :
Dieu ne l'a pas voulu, que de nous Dieu dispose !

Elle se lève.

Mais, comte, dites-nous : sait-on du moins la cause
De la fuite du prince, et n'a-t-on pu jamais
De ce mystère enfin percer le voile épais ?

D. ALVAR.

A la cour d'Aragon, les bruits les plus étranges,
Selon les passions, excitent les louanges
Ou jettent sur don Sanche un blâme injurieux ;
Mais le peuple, toujours ami du merveilleux,
Du prince ayant long-temps connu l'ardeur guerrière,
L'humeur chevaleresque et l'ame noble et fière,

En a fait un héros qui, d'états en états,
Va protégeant le faible et signalant son bras.
Les uns ont assuré que, dans la Palestine,
Des derniers musulmans il hâte la ruine;
Et d'autres qu'en Afrique, abandonné du sort,
Sous les murs de Tunis il a trouvé la mort.
Parmi tant de faux bruits, de récits infidèles,
Un seul réveille encor les craintes paternelles :
C'est un secret amer que veut cacher le roi;
Et qui pourtant, madame, est venu jusqu'à moi.
Dans Saragosse, on dit (affligeante pensée!)
Que don Sanche brûlait d'une amour insensée;
Qu'indigne de ses vœux, une fille sans nom
A subjugué son cœur et troublé sa raison.
On dit que, l'entraînant avec lui loin du monde,
Dans une solitude ignorée et profonde,
Don Sanche a renié la gloire sans retour,
Pour cacher à jamais sa honte et son amour.

D. ISABELLE.

Non, non; c'est une erreur où votre esprit se plonge :
Non; ce récit est faux, c'est un affreux mensonge.
Que d'un fatal amour pour un indigne objet
Don Sanche, malgré lui, soit épris en secret;
Un prince est homme, Alvar, ce malheur peut se croire :
Mais qu'un fils de vingt rois, renonçant à la gloire,
Abandonnant son père et quittant ses états,
Se dégrade à ce point!..... non, je ne le crois pas.

SCÈNE X.

D. ISABELLE, D. RAYMOND, D. ALVAR,
D. BLANCHE.

D. RAYMOND.

Les états, honorés de l'ordre de leur reine,
S'empressent de répondre à sa voix souveraine.
Entre tous vos sujets, ils ont élu les trois
Qui pour monter au trône offraient le plus de droits,
Madame,

D. ISABELLE.

Qui sont-ils?

D. RAYMOND.

Le premier est un comte
De la maison de Lare, et qui, l'ame trop prompte
A juger ses rivaux trop peu dignes de vous,
Se vante hautement de l'emporter sur tous :
Habile général et profond politique,
Aimé, brave, puissant,.... en un mot, don Manrique.
Le second, un guerrier non moins audacieux :
Don Lope de Gusman, si fier de ses aïeux.
Et vous voyez ici, madame, le troisième :
Le comte don Alvar.

D. ALVAR.

Moi, don Raymond?

D. RAYMOND.

Vous-même.

D. ISABELLE.

Et vous le méritez.

D. ALVAR.

Reine.....

D. ISABELLE.

Je vous entends;
Mais de vous alarmer il n'est pas encor temps.

A don Raymond.

Du choix de ses états votre reine est contente :
Elle va se hâter de remplir leur attente;
Et pour s'y disposer, un instant laissez-nous,
Don Raymond.

Don Raymond et don Alvar se retirent.

O mon Dieu! je n'espère qu'en vous.
Éclairez ma raison, soutenez mon courage,
Ne m'abandonnez pas au plus fort de l'orage :
A ce peuple chrétien je vais donner un roi;
De faiblesse ou d'erreur, mon Dieu, préservez-moi!

FIN DU PREMIER ACTE.

ACTE SECOND.

Dans la salle du trône,
préparée exprès pour une grande cérémonie.

SCÈNE I.

D. MANRIQUE, D. LOPE.

D. LOPE.

Avant que l'on s'assemble, avec vous, don Manrique,
Sur ces grands intérêts il faut que je m'explique;
Que je vous fasse part d'un dessein généreux
Qui doit également nous lier tous les deux.

D. MANRIQUE.

Quel est-il?

D. LOPE.

Vous avez une assurance pleine
D'obtenir, disiez-vous, la main de notre reine?

D. MANRIQUE.

Sans crainte et sans détour je l'avoue; et je croi,
Don Lope, que demain je serai votre roi.

D. LOPE.

Et moi, s'il faut vous dire aussi ce que je pense,
De l'emporter sur vous j'ai la même espérance.
Alvar ne saurait être un rival dangereux :
La reine, connaissant son amour et ses vœux,
Ne peut offrir qu'à nous le don du diadême.....

D. MANRIQUE.

Mais ne donner qu'à moi la place au rang suprême.

D. LOPE.

Comment?

D. MANRIQUE.

Par son aïeul instruite à gouverner,
Isabelle, en nous trois, saura bien discerner
Le bras le plus puissant, le front le plus illustre,
Pour affermir son trône, en rehausser le lustre.
Oui, malgré son jeune âge, on essaîrait en vain
De surprendre son cœur pour me ravir sa main :
Et long-temps ma maison de la vôtre rivale.
Triomphante, demain marchera sans égale.

D. LOPE.

Et je me flatte, moi, qu'on me verra demain,
Non pas votre sujet, mais votre souverain.

D. MANRIQUE.

Que jusque là pour vous ce rève se prolonge,
S'il flatte votre cœur!

D. LOPE.

Et puisse votre songe,
En s'évanouissant, ne me pas enlever
L'estime d'un ami que je veux conserver!

D. MANRIQUE.

Ah! quel que soit le rang que le sort me réserve;
Que seigneur ou vassal, je commande ou je serve;
Mon estime pour vous, votre estime pour moi,
Sont à l'abri du temps et d'un titre de roi.

D. LOPE.

Près de voir s'accomplir ou mes vœux ou les vôtres,

Aux sentimens d'estime, eh bien! joignons en d'autres.
On s'estime rivaux, on s'estime ennemis,
Il nous faut faire plus; il faut rester amis,
Il faut qu'à ma maison votre maison s'allie;
Qu'entre elles à jamais la paix soit établie,
Et, changeant de fortune ou de titre ou de rang,
Unis par l'amitié, soyons-le par le sang :
Voulez-vous comme moi former cette alliance?

D. MANRIQUE.

Je le veux comme vous, et j'y souscris d'avance.
Pour ami, pour parent, pourrai-je dédaigner
Celui qui comme moi fut choisi pour régner?
Que votre ame à l'instant tout entière s'explique :
Quel nœud peuvent former don Lope et don Manrique,
Qui dans leur deux maisons garantisse à jamais
Une amitié sincère, une solide paix?

D. LOPE.

Vous avez une sœur; elle est jeune, elle est belle,
Elle mérite bien qu'on soupire pour elle;
Et, comme à vous, le ciel m'a fait don d'une sœur
Bien digne également d'enflammer un grand cœur :
Selon que l'un de nous l'emportera sur l'autre,
Jurons-nous d'épouser ou la mienne, ou la vôtre.
Je vous engage ici mon honneur et ma foi
De vous donner ma sœur, si demain je suis roi.

D. MANRIQUE.

Je vous le jure aussi; comte, quoi qu'il advienne,
Si demain je suis roi, je vous donne la mienne.

D. LOPE.

Que la reine à présent se prononce entre nous :

Je ne conserve plus de sentimens jaloux.

D. MANRIQUE.

En ne formant ainsi qu'une même famille,
Celui qui maintenant sera roi de Castille,
Cesse dans son rival de craindre un ennemi :
Vous serez mon beau-frère.

Il lui tend la main.

D. LOPE, lui donnant la sienne.

Et toujours votre ami.

Des chants religieux se font entendre dans le lointain.

SCÈNE II.

D. MANRIQUE, DON LOPE, D. ALVAR,
D. RAYMOND, CARLOS,

Et une foule d'autres grands personnages qui composent la cour d'Isabelle, Ambassadeurs, Prélats, Moines de différens ordres, Pages, etc.,

Puis D. ISABELLE, appuyée sur D. BLANCHE, s'avance lentement suivie des Officiers de sa maison, de ses femmes, de ses gardes, etc.

UN PAGE, annonçant.

La reine!

D. ISABELLE, à part.

Juste ciel! vois ma peine, et m'inspire
Et ce que je dois faire et ce que je dois dire!

Haut.

Avant que de choisir je demande un serment,
Comtes, qu'on agréra mon choix aveuglément;

Que les deux refusés, que tous les trois peut-être,
De ma main, quel qu'il soit, accepteront un maître :
Car enfin je suis libre en disposant de moi ;
Le choix de mes états ne m'est point une loi :
D'une troupe importune il m'a débarrassée,
Et d'eux tous sur vous trois détourné ma pensée,
Mais sans nécessité de l'arrêter sur vous.
J'aime à savoir par là qu'on vous préfère à tous ;
Vous m'en êtes plus chers et plus considérables ;
J'y vois de vos vertus les preuves honorables ;
J'y vois la haute estime où sont vos grands exploits :
Mais quoique mon dessein soit d'y borner mon choix,
Le ciel en un moment quelquefois nous éclaire,
Et nous jette aussitôt dans un dessein contraire.
Rien ne me fait encor prévoir ce changement :
Pourtant jusqu'à la fin je veux également
Pouvoir persévérer, ou pouvoir me dédire,
Sans que pas un de vous ne m'ose contredire,
Et que vous avouiez que, pour devenir roi,
Quiconque me plaira n'a besoin que de moi.

D. LOPE.

C'est une autorité qui vous demeure entière ;
Votre état avec vous n'agit que par prière,
Et ne vous a pour nous fait voir ses sentimens
Que par obéissance à vos commandemens.
Ce n'est donc ni son choix ni l'éclat de ma race
Qui me font, grande reine, espérer cette grace :
Je l'attends de vous seule et de votre bonté,
Comme on attend un bien qu'on n'a pas mérité.
Que de nos souverains l'héritière et la fille

Dispose librement du trône de Castille,
C'est à nous d'obéir, et non d'en murmurer:
Mais vous nous permettrez toutefois d'espérer
Que vous ne ferez choir cette faveur insigne,
Ce bonheur d'être à vous, que sur le moins indigne;
Et que votre vertu vous fera trop savoir
Qu'il n'est pas bon d'user de tout votre pouvoir.
Voilà mon sentiment.

D. ISABELLE.

Parlez, vous, don Manrique.

D. MANRIQUE.

Madame, puisqu'il faut qu'à vos yeux je m'explique,
Quoique votre discours nous ait fait des leçons
Capables d'ouvrir l'ame à de justes soupçons,
Je vous dirai pourtant, comme à ma souveraine,
Que pour faire un vrai roi vous le fassiez en reine;
Que vous laisser borner, c'est vous-même affaiblir
La dignité du rang qui le doit ennoblir;
Et qu'à prendre pour loi le choix qu'on vous propose,
Le roi que vous feriez vous devrait peu de chose,
Puisqu'il tiendrait les noms de monarque et d'époux
Du choix de vos états aussi bien que de vous.
Pour moi, qui vous aimai sans sceptre et sans couronne,
Qui n'ai jamais eu d'yeux que pour votre personne,
Que même le feu roi daigna considérer
Jusqu'à souffrir ma flamme et me faire espérer,
J'oserai me promettre un sort assez propice
De cet aveu d'un frère et quatre ans de service;
Et, sur ce doux espoir dussé-je me trahir,
Puisque vous le voulez, je jure d'obéir.

D. ISABELLE.

C'est comme il faut m'aimer. Et vous don Alvar?

D. ALVAR.

Reine,
A vos justes désirs je me soumets sans peine.
Choisissez hors des trois, tranchez absolument;
Je jure d'obéir en tout aveuglément.

D. ISABELLE.

Sous les profonds respects de cette déférence
Vous nous cachez peut-être un peu d'indifférence;
Et, comme votre cœur n'est pas sans autre amour,
Vous savez des deux parts faire bien votre cour.

D. ALVAR.

Madame.....

D. ISABELLE.

C'est assez. Que chacun prenne place.

La reine va s'asseoir sur son trône; et, après que les trois comtes et le reste des grands qui sont présens se sont assis sur des bancs préparés exprès, Carlos, y voyant une place vide, s'y veut asseoir : don Manrique l'en empêche.

D. MANRIQUE.

Tout beau, tout beau, Carlos! d'où vous vient cette audace?
Et quel titre en ce rang a pu vous établir?

CARLOS.

J'ai vu la place vide, et cru la bien remplir.

D. MANRIQUE.

Un soldat bien remplir une place de comte!

CARLOS.

Seigneur, ce que je suis ne me fait point de honte.

Depuis plus de six ans il ne s'est fait combat
Qui ne m'ait bien acquis ce grand nom de soldat.

D. MANRIQUE.

Quoi! toujours cet orgueil que rien ne peut abattre!
Oui, nous vous avons vu sous nos ordres combattre,
Et savons mieux que vous ce que peut votre bras.

D. ISABELLE.

Si vous le saviez bien, comte, vous n'auriez pas
La voix si menaçante et l'ame si hautaine.
Honorez un soldat qu'honore votre reine :
Car, si vous connaissez sa valeur mieux que nous,
Connaissez-vous son rang? son nom, le savez-vous?

D. MANRIQUE.

Pourquoi les cache-t-il?

D. ISABELLE.

Lui seul peut nous l'apprendre.

D. MANRIQUE.

Mais sommes-nous ici, madame, pour l'entendre?

D. ISABELLE.

Nous aurons temps pour tout, comte. Parlez, Carlos.

CARLOS.

Je dirai qui je suis, madame, en peu de mots.
On m'appelle soldat : je fais gloire de l'être;
Pour mériter ce nom, l'Aragon m'a vu naître.
Mon père, avec son sang, m'a transmis sa fierté,
Son austère vertu, son courage indompté.
Libre, et fuyant des cours la mollesse importune,
J'ai cherché dans les camps une illustre fortune.
Je ne parlerai point ici de mes exploits :
Ils ont eu pour témoins des comtes et des rois.

Tel me voit et m'entend, et me méprise encore,
Qui gémirait sans moi dans les prisons du Maure.

D. MANRIQUE.

Nous parlez-vous, Carlos, pour don Lope et pour moi?

CARLOS.

Je parle seulement de ce qu'a vu le roi,
Seigneur; et qui voudra parle à sa conscience.
Mais vous m'auriez montré plus de condescendance,
Si, selon ses désirs, le feu roi m'eût donné
Le prix qu'avant sa mort il m'avait destiné.

D. ISABELLE.

C'est maintenant à moi, sa royale héritière,
D'acquitter saintement la dette de mon frère.
Asseyez-vous; quittons ces petits différens.

D. LOPE.

Souffrez qu'auparavant il nomme ses parens.
Nous ne contestons point l'honneur de sa vaillance,
Madame; et, s'il en faut notre reconnaissance,
Nous avoûrons tous deux qu'en ces combats derniers
L'un et l'autre, sans lui, nous étions prisonniers:
Mais enfin la valeur, sans l'éclat de la race,
N'eut jamais aucun droit d'occuper cette place.

CARLOS.

Se pare qui voudra du nom de ses aïeux;
Moi, je ne veux porter que moi-même en tous lieux;
Je ne veux rien devoir à ceux qui m'ont fait naître,
Et suis assez connu sans les faire connaître.
Mais cependant s'il faut obéir à vos lois,
Seigneur, pour mes parens je nomme mes exploits;
Ma valeur est ma race, et mon bras est mon père.

D. LOPE.

Vous le voyez, madame, et la preuve en est claire,
Sans doute il n'est pas noble.

D. ISABELLE.

Eh bien! je l'anoblis,
N'importe quelle race ait produit un tel fils.
Qu'on ne conteste plus.

D. MANRIQUE.

Encore un mot, de grace.

D. ISABELLE.

Don Manrique, à la fin c'est prendre trop d'audace.
Ne puis-je l'anoblir si vous n'y consentez?

D. MANRIQUE.

Oui, mais ce rang n'est dû qu'aux hautes dignités :
Tout autre qu'un marquis ou comte le profane.

D. ISABELLE à Carlos.

Eh bien! asseyez-vous, marquis de Santillane,
Comte de Peñafiel, gouverneur de Burgos.
Don Manrique, est-ce assez pour faire asseoir Carlos?
Vous reste-t-il encor quelque scrupule en l'ame?

Don Manrique et D. Lope se lèvent. Carlos s'assied et se couvre.

D. MANRIQUE.

Achevez, achevez; faites-le roi, madame!
Par ces marques d'honneur l'élever jusqu'à nous,
C'est moins nous l'égaler que l'approcher de vous.
Ce préambule adroit n'était pas sans mystère;
Et ces nouveaux sermens qu'il nous a fallu faire
Montraient bien dans votre ame un tel choix préparé.
Enfin vous le pouvez, et nous l'avons juré :

C'est à nous d'obéir; et, loin d'y contredire,
Je laisse entre ses mains et vous et votre empire.
Je sors avant ce choix, non que j'en sois jaloux,
Mais de peur que mon front n'en rougisse pour vous.

D. ISABELLE, se levant.

Arrêtez, insolent : votre reine pardonne
Ce qu'une indigne crainte imprudemment soupçonne,
Et, pour la démentir, veut bien vous assurer
Qu'un des trois est le seul qu'elle va préférer;
Que vous tenez encor même rang dans son ame;
Qu'elle prend vos transports pour un excès de flamme;
Et qu'au lieu de punir ce zèle injurieux,
Sur un crime d'amour elle ferme les yeux.

D. MANRIQUE.

Madame, excusez donc si d'une voix hardie.....

D. ISABELLE.

N'affectez point ici de fausse modestie :
J'ai trop vu votre orgueil, pour le justifier,
Et sais bien les moyens de vous humilier.
Soit que j'aime Carlos, soit que par simple estime
Je rende à ses vertus un honneur légitime,
Vous devez respecter, quels que soient mes desseins,
Ou le choix de mon cœur, ou l'œuvre de mes mains.
Je l'ai fait votre égal; et, quoiqu'on s'en mutine,
Sachez qu'à plus encor ma faveur le destine.
C'est trop peu de l'avoir élevé jusqu'à vous,
Je veux que son pouvoir soit au-dessus de tous.
S'il a tant de valeur que vous-même le dites,
Il sait quelle est la vôtre, et connaît vos mérites;
Et jugera de vous avec plus de raison

Que moi, qui n'en connais que la race et le nom.

Descendant la première marche du trône.

Marquis, prenez ma bague, et pesez bien vous-même
De ces rivaux si fiers les droits au rang suprême;
Cherchez-moi qui des trois mérite, selon vous,
De régner sur mon peuple et d'être mon époux;
Puis, donnez-lui ma bague : à cette illustre marque,
Je connaîtrai demain qui doit être monarque.
Choisissez, disposez de l'empire et de moi;
Je vous ai fait marquis; marquis, faites un roi :
Un héros tel que vous, mieux qu'une jeune fille,
Peut dignement fixer le sort de la Castille.
Je vous laisse y penser tout le reste du jour.

S'avançant vers les trois comtes.

Rivaux ambitieux, faites-lui votre cour :
Qui me rapportera l'anneau que je lui donne
Recevra sur-le-champ ma main et ma couronne.
Et maintenant, adieu : je vous laisse juger
De quel côté l'amour avait su m'engager.

Elle sort et toute sa cour la suit.

SCÈNE III.

D. MANRIQUE, D. LOPE, D. ALVAR,
CARLOS.

D. LOPE.

Eh bien! seigneur marquis, nous direz-vous, de grace,
Ce que pour vous gagner il est besoin qu'on fasse?
Vous êtes notre juge, il faut vous adoucir.

CARLOS.

Vous y pourriez peut-être assez mal réussir.
Quittez ces contre-temps de froide raillerie.

D. MANRIQUE.

Il n'en est pas saison, quand il faut qu'on vous prie.

CARLOS.

Ne raillons ni prions, et demeurons amis.
Je sais ce que la reine en mes mains a remis;
J'en userai fort bien : vous n'avez rien à craindre;
Et pas un de vous trois n'aura lieu de se plaindre.
Je n'entreprendrai point de juger entre vous
Qui mérite le mieux le nom de son époux;
Je serais téméraire, et m'en sens incapable;
Et peut-être quelqu'un m'en tiendrait récusable.
Je m'en récuse donc, afin de vous donner
Un juge que sans honte on ne peut soupçonner :
Ce sera votre épée, et votre bras lui-même.
Comtes, de cet anneau dépend le diadême;
Il vaut bien un combat; vous avez tous du cœur :
Et... je... le... garde...

D. LOPE.

A qui, Carlos?

CARLOS.

A mon vainqueur.
Qui pourra me l'ôter l'ira rendre à la reine;
Ce sera du plus digne une preuve certaine.
Prenez entre vous l'ordre et du temps et du lieu;
Je m'y rendrai sur l'heure, et vais l'attendre. Adieu.

SCÈNE IV.

D. MANRIQUE, D. LOPE, D. ALVAR.

D. LOPE.

Voyez quelle arrogance !

D. ALVAR.

Ainsi les grands courages
Savent en généreux repousser les outrages.

D. MANRIQUE.

Il se méprend pourtant s'il pense qu'aujourd'hui
Nous daignions mesurer notre épée avec lui.

D. ALVAR.

Refuser un combat !

D. LOPE.

Des généraux d'armée,
Jaloux de leur honneur et de leur renommée,
Ne se commettent point contre un aventurier.

D. ALVAR.

Ne mettez point si bas un si vaillant guerrier.
Qu'il soit ce qu'en voudra présumer votre haine,
Il doit être pour nous ce qu'a voulu la reine.

D. LOPE.

La reine qui nous brave, et, sans égard au sang,
Ose souiller ainsi l'éclat de notre rang !

D. ALVAR.

Les rois de leurs faveurs ne sont jamais comptables;
Ils font, comme il leur plaît, et défont nos semblables.

D. MANRIQUE.

Envers les majestés vous êtes bien discret.
Voyez-vous cependant qu'elle l'aime en secret?

D. ALVAR.

Dites, si vous voulez, qu'ils sont d'intelligence;
Qu'elle a de sa valeur si haute confiance
Qu'elle espère par là faire approuver son choix,
Et se rendre avec gloire au vainqueur de tous trois;
Qu'elle nous hait dans l'ame autant qu'elle l'adore :
C'est à nous d'honorer ce que la reine honore.

D. MANRIQUE.

Vous la respectez fort. Mais y prétendez-vous?
On dit que l'Aragon a des charmes si doux.....

D. ALVAR.

Qu'ils me soient doux ou non, je ne crois pas sans crime
Pouvoir de mon pays désavouer l'estime;
Et, puisqu'il m'a jugé digne d'être son roi,
Je soutiendrai partout l'état qu'il fait de moi.
Je vais donc disputer, sans que rien me retarde,
Au marquis don Carlos cet anneau qu'il nous garde;
Et, si sur sa valeur je le puis emporter,
J'attendrai de vous deux qui voudra me l'ôter :
Le champ vous sera libre.

D. LOPE.

À la bonne heure, comte;
Nous vous irons alors le disputer sans honte :
Nous ne dédaignons point un si digne rival :
Mais pour votre Carlos, qu'il cherche son égal.

FIN DU SECOND ACTE.

ACTE TROISIÈME.

Dans une autre salle du palais, fermée au fond par de hautes tapisseries qui, lorsqu'elles s'ouvrent, laissent entrevoir une vaste galerie où sont rassemblés tous les grands personnages de la cour d'Isabelle.

SCÈNE I.

D. ISABELLE, D. BLANCHE.

D. ISABELLE.

Blanche, as-tu rien connu d'égal à ma misère?
Tu vois tous mes désirs condamnés à se taire,
Mon cœur faire un beau choix sans l'oser accepter,
Et nourrir un beau feu sans l'oser écouter.

D. BLANCHE.

Dans ce combat j'ai vu balancer la victoire ;
J'en ai plus d'une fois tremblé pour votre gloire.
Ce qu'à vos trois amans vous avez fait jurer,
Au choix de don Carlos semblait tout préparer :
Je le nommais pour vous. Mais enfin, par l'issue,
Ma crainte s'est trouvée heureusement déçue.

D. ISABELLE.

Je voulais différer, choisir un peu plus tard;
J'allais nommer pourtant, et nommer au hasard !

Mais tu sais quel orgueil ont montré les deux comtes :
Combien d'affronts pour lui ! combien pour moi de hontes !
J'ai fait Carlos marquis, et comte, et gouverneur ;
Il doit à ses jaloux tous ces titres d'honneur :
M'en voulant faire avare, ils m'en fesaient prodigue ;
Ce torrent grossissait, rencontrant cette digue :
C'était plus les punir que le favoriser.
L'amour me parlait trop, j'ai voulu l'amuser ;
Par ces profusions j'ai cru le satisfaire,
Et, l'ayant satisfait, le forcer à se taire ;
Mais Carlos en mon cœur a trouvé tant d'appui,
Que je n'ai pu jamais prononcer contre lui,
Et n'ai mis dans ses mains ce don du diadême,
Qu'afin de l'obliger à s'exclure lui-même.
Ainsi, pour apaiser les murmures du cœur,
En repoussant l'amant, j'honorais le vainqueur ;
Et, comblant de faveurs un guerrier qui m'outrage,
De peur d'en faire un roi je l'ai fait davantage !
Voilà, Blanche, où j'en suis ; voilà ce que j'ai fait ;
Voilà les vrais motifs dont tu voyais l'effet :
Car mon ame, pour lui quoique ardemment pressée,
Ne saurait se permettre une indigne pensée ;
Et je mourrais encore avant de m'accorder
Ce qu'en secret mon cœur ose me demander.
Mais enfin je vois bien que je me suis trompée
De m'en être remise à qui porte une épée,
A qui cherche un prétexte, et trouve avec honneur
A venger le mépris qu'on fait de sa valeur.
Je devais par mon choix étouffer cent querelles ;
Et l'ordre que je donne en forme de nouvelles,

Et jette ces rivaux, amoureux de mon rang,
Dans la nécessité de répandre du sang.
Mais j'y saurai pourvoir.

D. BLANCHE.

C'est un pénible ouvrage
D'arrêter un combat qu'autorise l'usage,
Que les lois ont réglé, que les rois vos aïeux
Daignaient assez souvent honorer de leurs yeux :
On ne s'en dédit point sans quelque ignominie;
Et l'honneur aux grands cœurs est plus cher que la vie.

D. ISABELLE.

Je sais ce que tu dis, et n'irai pas de front
Faire un commandement qu'ils prendraient pour affront.
Lorsque le déshonneur souille l'obéissance,
Les rois peuvent douter de leur toute-puissance :
Qui la hasarde alors n'en sait pas bien user;
Et qui veut pouvoir tout ne doit pas tout oser.
Je romprai ce combat feignant de le permettre;
Et je le tiens rompu si je puis le remettre.

D. BLANCHE.

Reine, don Carlos vient.

SCÈNE II.

D. ISABELLE, CARLOS, D. BLANCHE.

D. ISABELLE.

Marquis, jusques ici
Vos armes ont pour nous dignement réussi :
Je pense avoir aussi bien payé vos services.

Malgré vos envieux et leurs mauvais offices,
J'ai fait beaucoup pour vous; et tout ce que j'ai fait
Ne vous a pas coûté seulement un souhait.
Si pourtant vous trouvez que cette récompense
N'égale pas encor votre haute vaillance,
Et s'il vous en restait quelque autre à souhaiter,
Dites, par quel moyen puis-je enfin m'acquitter?

CARLOS.

Après tant de faveurs à pleines mains versées,
Dont mon cœur n'eût osé concevoir les pensées,
Surpris, troublé, confus, accablé de bienfaits,
Que j'osasse former encor quelques souhaits!

D. ISABELLE.

Vous êtes donc content; et j'ai lieu de me plaindre.

CARLOS.

De moi?

D. ISABELLE.

De vous, marquis. Je vous parle sans feindre :
Ecoutez. Votre bras a bien servi l'état,
Tant que vous n'avez eu que le nom de soldat;
Dès que je vous fais grand, sitôt que je vous donne
Le droit de disposer de ma propre personne,
Ce même bras s'apprête à troubler mon repos,
Comme si le marquis cessait d'être Carlos,
Ou que cette grandeur ne fût qu'un avantage
Qui dût contre l'état armer votre courage.
Les trois comtes en sont les plus fermes soutiens;
Vous attaquez en eux ses appuis et les miens;
C'est son sang le plus pur que vous voulez répandre :
Et vous n'ignorez pas l'honneur qu'on leur doit rendre,

Puisque ce même état, me demandant un roi,
Les a jugés eux trois les plus dignes de moi.
Si tantôt leur orgueil vous a blessé, moi-même
Remettre entre vos mains le don du diadême,
Ce n'était pas, marquis, vous venger à demi.
Je vous ai fait leur juge, et non leur ennemi;
Et si sous votre choix j'ai voulu les réduire,
C'est pour vous faire honneur, et non pour les détruire :
C'est votre seul avis, non leur sang, que je veux;
Et c'est m'entendre mal que vous armer contre eux.
N'auriez-vous point pensé que, si ce grand courage
Vous pouvait sur tous trois donner quelque avantage,
On dirait que l'état, me cherchant un époux,
N'en aurait pu trouver de comparable à vous?
Ah! si je vous croyais si vain, si téméraire....

CARLOS.

Madame, arrêtez là votre juste colère :
Je suis assez coupable, et n'ai que trop osé,
Sans choisir pour me perdre un crime supposé.
Je vous aime, madame, et vous estime en reine;
Et quand j'aurais des feux dignes de votre haine,
Si votre ame, trop faible, et sensible à ces feux,
Se pouvait oublier jusqu'à souffrir mes vœux;
Si, par quelque malheur que je ne puis comprendre,
Du trône jusqu'à moi je vous voyais descendre;
Commençant aussitôt à vous moins estimer,
Je cesserais sans doute aussi de vous aimer.
L'amour que j'ai pour vous est tout à votre gloire :
Je ne vous prétends point pour fruit de ma victoire;
Je combats vos amans, sans dessein d'acquérir

Que l'heur d'en faire voir le plus digne, et mourir.
Je vous dois un époux, à la Castille un maître :
Je puis en mal juger, je puis les mal connaître.
Je sais qu'ainsi que moi le démon des combats
Peut donner au moins digne et vous et vos états;
Mais du moins, si le sort des armes journalières
En laisse par ma mort de mauvaises lumières,
La mort m'en ôtera la honte et le regret;
Et même, si votre ame en aime un en secret,
Et que ce triste choix rencontre mal le vôtre,
Je ne vous verrai point, entre les bras d'un autre,
Reprocher à Carlos, par de muets soupirs,
Qu'il est l'unique auteur de tous vos déplaisirs.

D. ISABELLE.

Ne vous excusez point en doutant de ma flamme,
Marquis; je puis aimer, puisqu'enfin je suis femme :
Et, si j'aime, c'est mal me faire votre cour
Qu'exposer au trépas l'objet de mon amour.

CARLOS.

Quoi! votre cœur, madame?.....

D. ISABELLE.

Eh bien! oui, Carlos; j'aime :
Mais l'amour de l'état, me sauvant de moi-même,
Cherche, au lieu de l'objet le plus doux à mes yeux,
Le plus digne héros de régner en ces lieux;
Et, craignant que mon cœur ne se laissât séduire,
J'ai voulu m'en remettre à vous pour m'en instruire.
Mais ne suffit-il pas que cet objet d'amour
Perde le trône et moi, sans perdre encor le jour?

SCÈNE III.

D. ISABELLE, CARLOS, D. BLANCHE,
D. RAYMOND, ET QUELQUES OFFICIERS DU PALAIS.

D. ISABELLE.

Que nous veut don Raymond?

D. RAYMOND.

Madame, vous instruire
D'un trouble qui s'élève, et que vient de produire
Dans tout Valladolid en deux camps divisé,
La nouvelle qu'un roi nous serait imposé
Par un autre que vous, et par le sort des armes.
Des meilleurs citoyens les cœurs sont pleins d'alarmes.
Déjà tous les partis, s'irritant, furieux,
N'attendent qu'un signal, qu'un chef audacieux.
A venger les affronts les haines seront promptes!
Les uns blâment Carlos, les autres les deux comtes.
J'ai vu de ces derniers les nombreux partisans,
Déguiser leur dépit sous leurs fronts menaçans;
J'ai vu leurs ennemis, avec la même audace,
Par des rires moqueurs insulter leur disgrace.
La tempête s'accroît de momens en momens.
Prévenez les dangers de ces évènemens,
Reine: qu'ordonnez-vous, et que devons-nous faire?

D. ISABELLE.

C'est à moi d'apaiser, à moi de faire taire
Ces flots qu'imprudemment tantot j'ai soulevés.

A quels destins, mon Dieu, les rois sont réservés !
Que vous nous vendez cher le pouvoir qu'on nous donne,
Et que peu de bonheur s'attache à la couronne !
Celui de nos sujets doit seul nous occuper.
L'orage les menace ; et, pour le dissiper,
De ma bouche, à l'instant, un seul mot peut suffire :
Pourquoi donc différer? pourquoi ne pas le dire?....
Qu'on me fasse venir les deux comtes ici.
Éloignez-vous, Raymond ; et vous, Carlos, aussi.

SCÈNE IV.

D. ISABELLE, seule.

Qu'ai-je fait? est-ce là cette paix glorieuse
Que mon hymen prépare à ma patrie heureuse ?
Dès que je veux régner, par de fâcheux débats
J'enfante la discorde au sein de mes états !....
Dans combien de périls une faute m'entraîne !
La guerre, la révolte !..... Ah ! malheureuse reine !
Voilà ce qu'ont produit, pour différer d'un jour,
Mon indigne faiblesse et mon fatal amour !

SCÈNE V.

D. ISABELLE, D. MANRIQUE, D. LOPE.

D. ISABELLE.

Comtes, je ne veux plus donner lieu qu'on murmure :
Si choisir par autrui c'est me faire une injure,
Si le choix de ma main doit en être plus beau,
Je choisirai moi-même, et reprendrai l'anneau.
Je ferai plus pour vous : des trois qu'on me propose,
J'en exclus don Alvar; vous en savez la cause.
Vous êtes donc les seuls que je veux regarder :
Mais, avant qu'à choisir j'ose me hasarder,
Je voudrais voir en vous quelque preuve certaine
Qu'en moi c'est moi qu'on aime, et non l'éclat de reine;
Trouver en mon époux même cœur, mêmes yeux :
Si vous ne m'entendez, je vais m'expliquer mieux.
Envers Carlos tantôt j'ai paru magnanime :
Je n'ai fait qu'honorer des vertus que j'estime,
Et voudrais qu'il trouvât même justice en vous;
Car ne présumez pas que je prenne un époux
Pour m'exposer moi-même à ce honteux outrage
Qu'un roi fait de ma main détruise mon ouvrage.

D. MANRIQUE.

Toujours Carlos, madame! et toujours son bonheur
Fait dépendre de lui le nôtre et votre cœur!
Mais, puisque c'est par là qu'il faut enfin vous plaire,

Vous-même apprenez-nous ce que nous pouvons faire.
Nous l'estimons tous deux un des braves guerriers
A qui jamais la guerre ait donné des lauriers :
Notre liberté même est due à sa vaillance;
Et, quoiqu'il ait tantôt montré quelque insolence
Dont nous a dû piquer l'honneur de notre rang,
Vous avez suppléé l'obscurité du sang :
Ce qu'il vous plaît qu'il soit il est digne de l'être;
Nous lui devons beaucoup, et l'allions reconnaître;
Mais vous avez pris soin de le payer pour nous.

D. ISABELLE.

Il est entre vos mains des présens assez doux
Qui sauveraient vos noms de toute ingratitude,
Et mon ame pour lui de toute inquiétude;
Il en est dont sans honte il serait possesseur :
En un mot, vous avez l'un et l'autre une sœur;
Et je veux que le roi qu'il me plaira de faire,
En recevant ma main, le fasse son beau-frère;
Et que, par cet hymen, son destin affermi
Ne puisse en mon époux trouver son ennemi.
Ce n'est pas, après tout, que j'en craigne la haine;
Je sais qu'en cet état je serai toujours reine.
Répondez donc tous deux : n'y consentez-vous pas?

D. MANRIQUE.

Oui, madame, aux plus longs et plus cruels trépas,
Plutôt qu'à voir jamais de pareils hyménées
Ternir en un moment l'éclat de mille années.
Ah! du suprême rang nous cessons d'être épris :
Votre sceptre, madame, est trop cher à ce prix;
Et jamais....

D. ISABELLE.

Ainsi donc vous me faites connaître
Que ce que je l'ai fait il est digne de l'être,
Que je puis suppléer l'obscurité du sang?

D. MANRIQUE.

Oui, bien pour l'élever jusques à notre rang :
Et puisque un souverain ne doit compte à personne
Des dignités qu'il fait et des grandeurs qu'il donne,
S'il est d'un sort indigne ou l'auteur ou l'appui,
Comme il le fait lui seul, la honte est toute à lui.
Mais disposer d'un sang que j'ai reçu sans tache!
Avant de le souiller il faut qu'on me l'arrache;
J'en dois compte aux aïeux dont il est hérité,
A toute leur famille, à la postérité.

D. ISABELLE.

Et moi, Manrique, et moi, qui n'en dois aucun compte,
J'en disposerai seule, et j'en aurai la honte.
Mais quelle extravagance a pu vous figurer
Que je me donne à vous pour vous déshonorer,
Que mon sceptre en vos mains porte quelque infamie?
Si je suis jusque-là de moi-même ennemie,
En quelle qualité, de sujet, ou d'amant,
M'osez-vous expliquer ce noble sentiment?
Ah! si vous m'apprenez à parler d'autre sorte.....

D. LOPE.

Madame, pardonnez à l'ardeur qui l'emporte;
Il devait s'excuser avec plus de douceur.
Nous avons en effet l'un et l'autre une sœur;
Mais, si j'ose en parler avec quelque franchise,
A d'autres qu'au marquis l'une et l'autre est promise.

D. ISABELLE.

A qui, don Lope?

D. MANRIQUE.

A moi, madame.

D. ISABELLE.

Et l'autre?

D. LOPE.

A moi.

D. ISABELLE.

J'ai donc tort parmi vous de vouloir faire un roi.
Allez, heureux amans, allez voir vos maîtresses;
Et, parmi les douceurs de vos dignes caresses,
N'oubliez pas de dire à ces jeunes esprits
Que vous faites du trône un généreux mépris.
Comtes, je n'aime pas à contraindre personne,
Et rends grace à l'état des amans qu'il me donne.

D. LOPE.

Ecoutez-nous, de grace.

D. ISABELLE.

Et que me direz-vous?
Que la constance est belle au jugement de tous?

D. LOPE.

Avant de prononcer, permettez qu'on s'explique :
Vous connaîtrez du moins don Lope et don Manrique.
Ils se sont l'un à l'autre attachés par des nœuds
Qui n'auront leur effet que pour le malheureux :
Il me devra sa sœur, s'il faut qu'il vous obtienne;
Et si je suis à vous, je lui devrai la mienne.
Celui qui doit vous perdre, ainsi, malgré le sort,
Pour s'approcher de vous fait encore un effort;

Ainsi, pour consoler l'une ou l'autre infortune,
L'une et l'autre est promise, et nous n'en devons qu'une :
Nous ignorons laquelle ; et vous la choisirez,
Puisqu'enfin c'est la sœur du roi que vous ferez.

D. ISABELLE.

Et ne savez-vous point qu'étant ce que vous êtes,
Vos sœurs par conséquent mes premières sujettes,
Les donner sans mon ordre, et même malgré moi,
C'est dans mon propre état m'oser faire la loi ?

D. MANRIQUE.

Agissez donc enfin, madame, en souveraine,
Et souffrez qu'on s'excuse, ou commandez en reine ;
Nous vous obéirons, mais sans y consentir :
Et, pour vous dire tout avant que de sortir,
Carlos est généreux, il connaît sa naissance ;
Qu'il se juge en secret sur cette connaissance ;
Et, s'il trouve son sang digne d'un tel honneur,
Qu'il vienne, nous tiendrons l'alliance à bonheur ;
Qu'il choisisse des deux, et l'épouse, s'il l'ose.
Nous n'avons plus, madame, à vous dire autre chose :
Mettre en un tel hasard le choix de leur époux,
C'est jusqu'où nous pouvons nous abaisser pour vous ;
Mais, encore une fois, que Carlos y regarde,
Et pense à quels périls cet hymen le hasarde.

D. ISABELLE.

Et vous, comtes, et vous, pour le trop dédaigner,
Vous m'apprenez enfin comme je dois régner.
Qu'on ouvre.

SCÈNE VI.

Le fond de l'appartement s'ouvre.
Tous les grands personnages réunis dans la galerie, entrent.

D. ISABELLE, D. MANRIQUE, D. LOPE,
D. ALVAR, D. RAYMOND, CARLOS, D. BLANCHE,
OFFICIERS, GARDES, PAGES, ETC., ETC.

D. ISABELLE.

Approchez tous. Venez; qu'on vous apprenne
Le dessein qu'aujourd'hui médite votre reine.
Qu'on en murmure ou non, Castillans, écoutez :
Vous demandez un roi? Voici mes volontés.
Les nœuds que vous m'offrez répugnent à mon ame :
Je ne veux point de maître; et, bien que je sois femme,
Sous Alphonse mon frère, intrépide héros
Qui forçait la victoire à suivre ses drapeaux,
Et sous mon aïeul Juan qu'on surnomma le sage,
Du pouvoir souverain j'ai fait l'apprentissage.
Leur exemple me fut une grande leçon!
Jeune, la politique a mûri ma raison,
Et veut qu'à nos débats je mette enfin un terme.
J'ai le cœur assez haut, j'ai l'esprit assez ferme,
J'ai le bras assez bon pour soutenir le poids
D'un sceptre et d'une épée, et vous dicter des lois.
Deux chefs gouvernent mal une même puissance :
Tôt ou tard l'un des deux emporte la balance.
Qu'on ne me parle plus ni d'hymen, ni d'époux,
Ni de roi!.... car je veux régner seule sur vous.

Don Alvar, retournez à la princesse Elvire :
Je permets qu'à sa main notre sujet aspire.
Don Lope et don Manrique, à vos deux jeunes sœurs
Je vous rends l'un et l'autre : allez calmer leurs cœurs;
Reportez-leur vos vœux et votre libre hommage.
Comtes, de vos sermens tous trois je vous dégage.
Et vous, marquis, et vous, avant votre départ,
Rendez-nous notre anneau.

CARLOS.

Madame, il est trop tard.

D. ISABELLE.

Qu'est-ce à dire, Carlos? Quoi! ma bague....

CARLOS.

... Est donnée.

D. ISABELLE.

A subir cet affront je serais destinée!

D. LOPE.

C'est Alvar qui l'emporte!

D. MANRIQUE.

Alvar sera donc roi!

D. ISABELLE.

Vous, Alvar?

D. ALVAR.

Pardonnez, reine; ce n'est pas moi.

D. LOPE.

Ni moi!

D. MANRIQUE.

Ni moi!

D. ISABELLE.

Qui donc?

CARLOS.

Aucun des trois, madame.

D. LOPE.

C'est être téméraire!

D. ALVAR.

Et bien digne de blâme!

D. MANRIQUE.

Non, digne de pitié.

D. ISABELLE.

Le choix de mes états
Vous était imposé : vous avez, dans ce cas,
Outre-passé nos vœux et vos pouvoirs.

CARLOS.

Peut-être.

D. ISABELLE.

Je rejette un tel choix.

CARLOS.

Avant de le connaître?
Reine, attendez encor : malgré votre courroux,
Et la pitié du comte, et le blâme de tous,
Je crois avoir rempli votre attente; et j'espère
Être approuvé bientôt, quoique un peu téméraire.

D. LOPE.

Marquis, apprenez-nous quel est donc ce beau choix.

D. ALVAR.

Et le nom de celui qu'on préfère à nous trois.

D. MANRIQUE.

Plus digne, à votre gré, que nous du diadême.

CARLOS.

Comtes, il va venir vous l'apprendre lui-même.

D. ISABELLE.

Finissons : Quel est-il?

CARLOS.

C'est un prince guerrier;
C'est l'héritier d'un roi; c'est un aventurier
Qui naquit sur le trône, et vécut dans l'armée;
Qui n'a voulu qu'à lui devoir sa renommée;
Et qui, mieux que vous trois sachant faire sa cour,
A la reine Isabelle inspire quelque amour.
Dédaignant de marcher dans la route vulgaire,
Au cœur qu'il prétendait ce prince a voulu plaire;
Être aimé pour lui seul, être bien assuré
Qu'entre mille rivaux, il serait préféré :
Il voulut, dans les camps, s'endurcir à la peine;
Devenir bon soldat et savant capitaine;
En s'instruisant à vaincre, apprendre à se dompter;
Et mériter le trône avant que d'y monter.
Dites, dites encor que je suis téméraire,
Comtes, voilà pourtant celui qu'on vous préfère.
Me faudra-t-il aussi vous apprendre son nom?
Eh bien!... c'est...

D. ISABELLE.

Achevez.

CARLOS.

Don Sanche d'Aragon.

D. ISABELLE.

Don Sanche!

CARLOS.

Oui.

LES TROIS COMTES.

Don Sanche!

CARLOS.

Oui.

D. ISABELLE.

Se peut-il?

CARLOS.

Oui, madame;
C'est lui dont j'ai fait choix; et pour lui je réclame
(Vous me l'avez promis!) votre amour, votre foi,
Le nom de votre époux et le titre de roi.

D. ISABELLE.

Je l'ai promis?... Eh bien! ce prince peut paraître;
Qu'il ne tarde donc plus à se faire connaître.
Pour obtenir ma main, qu'il vienne, aux yeux de tous,
Me rapporter ma bague.

CARLOS.

Il est à vos genoux;
Et voici votre anneau.

Murmure de surprise dans toute l'assemblée.

CARLOS, se relevant.

C'est moi! qui suis don Sanche.
Carlos n'existe plus, comtes; mais en revanche,
Un plus digne rival vient s'offrir à vos coups;
Et si vous le trouvez assez noble pour vous,
Contre lui venez donc assouvir votre haine;
Venez lui disputer la main de votre reine:
Don Sanche d'Aragon, contre tous, en champ clos,
Est prêt à soutenir le cartel de Carlos.

D. LOPE.

Quoique l'espoir d'un trône et l'amour d'une reine
Soient des biens que jamais on ne céda sans peine;
Quoiqu'à l'un de nous trois elle ait promis sa foi,
Sans honte nous cédons au fils d'un si grand roi.

D. MANRIQUE.

Dans notre ambition nous savons nous connaître :
Don Sanche est préféré, nous l'acceptons pour maître.

D. ALVAR.

Ce prince, aimé, vainqueur, après tant de travaux,
Trouve en nous des sujets, et non pas des rivaux.

D. RAYMOND.

Heureux si l'Aragon, joint avec la Castille,
Du sang de deux grands rois ne fait qu'une famille!

CARLOS.

Et moi, puis-je espérer...

D. ISABELLE.

Quand tout vous est acquis?...
Je vous avais fait tort en vous fesant marquis;
Mais j'avais mis ma bague en des mains assez bonnes
Pour le rendre à don Sanche et joindre nos couronnes :
Ce prince pouvait bien, d'un faux nom revêtu,
Nous cacher sa naissance et non pas sa vertu.

FIN.

www.ingramcontent.com/pod-product-compliance
Lightning Source LLC
LaVergne TN
LVHW050304090426
835511LV00039B/1408

* 9 7 8 2 0 1 1 8 6 4 3 9 0 *